30 min
课后半小时

中国中小学生
人文·社会·科学

通识教育课

我和世界的对话

哲学·心理

梁芳◎编著

山东教育出版社
·济南·

图书在版编目（CIP）数据

我和世界的对话 / 梁芳编著． -- 济南 ： 山东教育
出版社， 2024.11.（2025.2 重印）-- （中国中小学生通
识教育课）． -- ISBN 978-7-5701-3332-1

Ⅰ．B-49

中国国家版本馆 CIP 数据核字第 2024M7Q361号

WO HE SHIJIE DE DUIHUA

我和世界的对话

梁芳 / 编著

主管单位：山东出版传媒股份有限公司

出版发行：山东教育出版社

地址：济南市市中区二环南路 2066 号 4 区 1 号　　邮编：250003

电话：（0531）82092660　　网址：www.sjs.com.cn

印　　刷：济南新先锋彩印有限公司

版　　次：2024 年 11 月 第 1 版

印　　次：2025 年 2 月 第 2 次印刷

开　　本：787 毫米 × 1092 毫米　1/16

印　　张：6

字　　数：123 千字

定　　价：49.00 元

（如印装质量有问题，请与印刷厂联系调换）印厂电话：0531-88618298

序 言

　　新课程改革给教育带来了极大的变化，其中最大的变化就是强调培养德智体美劳全面发展的人。过去，我们的学校教育偏重应试教育，导致素质教育不能得到真正落实。为了改变这一局面，新课标增加了通识教育的内容。

　　通识教育是教育的一种，它的目标是在现代多元化的社会中，为受教育者提供跨越不同群体的通用知识和价值观。随着人类对世界的认识日益深入，知识分类也变得越来越细。人们曾以为掌握了专业的知识，就能将这一专业的事情做好。后来才发现，光有专业知识并不一定能在相关领域有所创造。一个人的创造力必须是全面发展的结果。我国古代的思想家很早就认识到通识教育的重要性。古人认为，做学问应"博学之，审问之，慎思之，明辨之，笃行之"，并且认为如果博学多识，就有可能达到融会贯通、出神入化的境界。如今，开展通识教育已经成为全世界教育工作者的共识。通识教育让我们的学校真正成为育人的园地，培养德智体美劳全面发展的人。

　　家长们也许要问，什么样的知识才具有通识意义？这正是通识教育关注的焦点问题。当今世界风云变幻，知识也在不断更新，这就需要更多的专业人员站在

人类文明持续发展的高度，从有益于开发心智的角度出发，在浩瀚的知识海洋中认真筛选，为学生们编写出合适的书籍。

目前，市面上适合中小学生阅读的通识教育类的书籍并不多见，而这套《中国中小学生通识教育课》则为学生们提供了一个很好的选择。该系列涵盖人文、社会、科学三大领域，内容广泛，涉及哲学、历史、文学、艺术、传统文化、文物考古、社会学、职业规划、生活常识、财商教育、地理知识、航空航天、动植物学、物理学、化学、科技以及生命科学等多个方面。编写者巧妙地将丰富的知识点提炼为充满吸引力的问题，又以通俗有趣的语言加以解答。我相信，这套丛书会受到中小学生们的喜爱，或许会成为他们书包中的常客，或是枕边的良伴。

贺绍俊
文学评论家

目录 CONTENTS

我和世界的对话

当我们审视内心、环顾四周时，心中难免会涌起这样的思索：我是谁？我从哪里来？我与这个世界有着怎样的联结……让我们用心去聆听"我"与世界的对话，去拨开自我认知的迷雾，去感受"我"与世界共生共融的美妙与和谐。

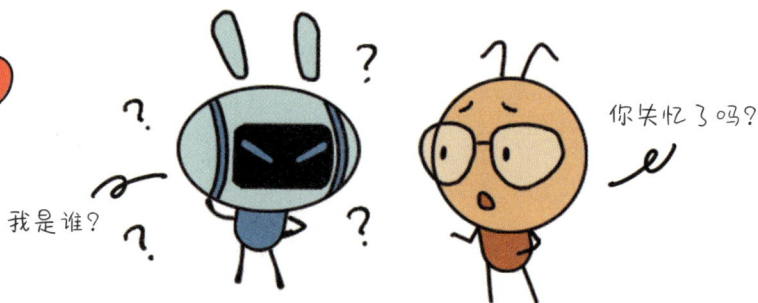

我是谁？

我是谁？

我是谁？有时，我会在照镜子时想。

镜子里的我，戴着一顶帽子，帽檐（yán）儿下露出一双小小的且满是光芒的眼睛。

我爱爸爸妈妈，爱周围的朋友，爱调皮的小狗。

我有足够的勇气，渴望交很多的朋友。

不高兴时，我会发脾气；伤心时，我会感到孤独。

我喜欢劳动，我偶尔也会偷懒。

我有许多身份

我，是爸爸妈妈的孩子，在他们身边，我感到快乐自在。

我，是老师的学生，哪怕班里有 100 个孩子，老师也绝不会叫错我的名字。

我，是小狗的主人，我会好好照顾它，和它不分离。

我，更是我自己，我喜爱我自己，就像诗人喜爱太阳。

过去、现在、未来的我

有时，我会想起过去的我收到一份礼物时的情景。那时，我和餐桌一样高，是一个比现在更小的我。

现在的我虽然已经对那份礼物不再感兴趣，但依然能记得过去的我收到它时是多么欢欣雀跃。

有时，我也会幻想未来的我的模（mú）样。未来的我应该像爸爸一样高大威猛、冷静自信，即使在许多人面前发表演讲，心脏也不会跳得飞快。

想象中的我

有时，我想尝试一下新鲜的角色。

我想象自己是一个原始人，在森林里捕猎，或者和一群小矮人在小木屋里狂欢。

我想象自己比现在更强壮、更勇敢，像一名拳击运动员，靠力量打败对手；或者像一个水手，勇敢地迎接海上的风浪。

假如我没有出生，我会在哪里？

有时，我脑海中会冒出一堆稀奇古怪的问题。

假如我没有出生，我现在在哪里？我会在天空中寻找我的爸爸妈妈吗？

假如我变成了另外一种模样，世界是不是也会跟着改变？

为什么我永远都是一个样子？

那你就不会提这个问题啦！

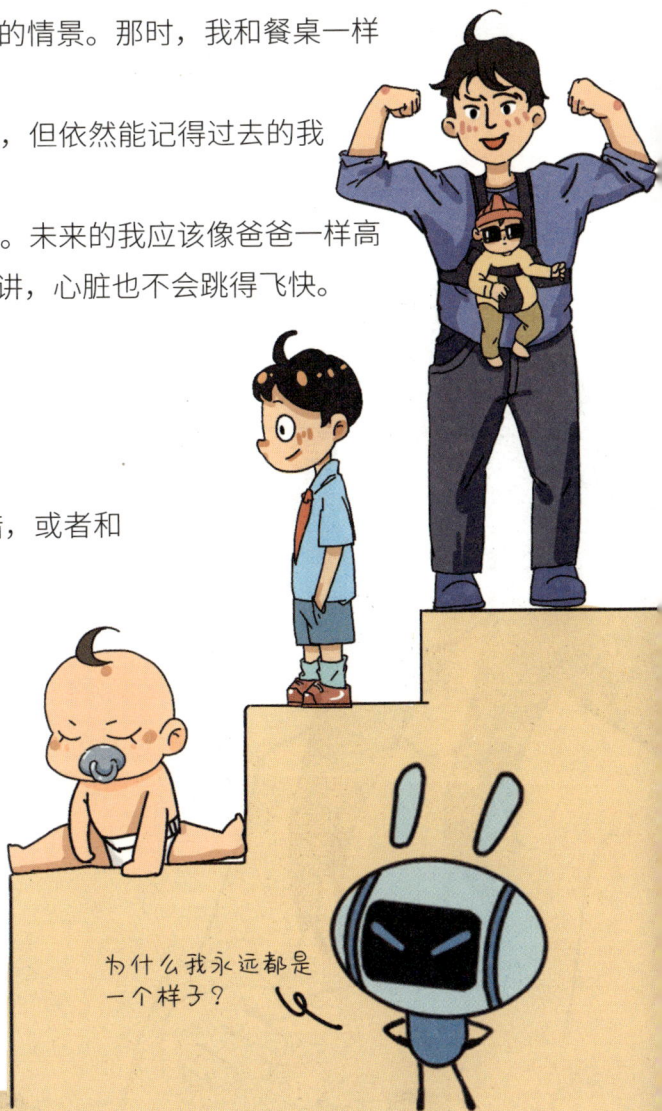

假如我没有出生，那我现在在哪里？

我是谁？

🎤 **智者说**

假如我是我，是因为我生来如此，那么我是我，你是你。可是，假如因为你而我是我，因为我而你是你，那么，我不是我，你也不是你。——［奥地利］孟德尔

我从哪里来？

嗯……从外星球来？

我从从哪里来？

我是怎样来到这个世界的？

爸爸和妈妈非常相爱，他们想拥有一个珍贵的"爱情结晶"。于是，爸爸的精子和妈妈的卵子结合，形成一枚受精卵，生命也由此开始。小小的受精卵在妈妈的肚子里慢慢长大，10个月后，小生命在众人的期盼下呱（gū）呱坠地。你猜到了吗？这个小生命，就是"我"。

这个小房子看起来好温馨啊！

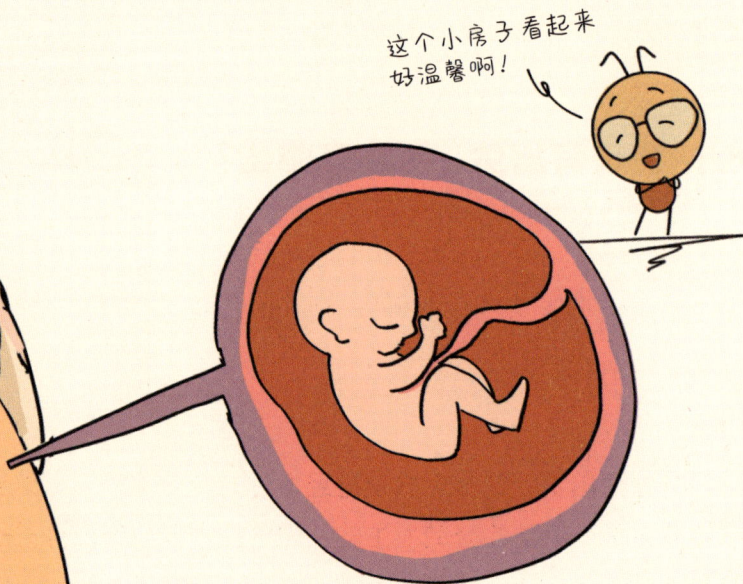

🎤 智者说

人生最终的价值在于觉（jué）醒和思考的能力，而不只在于生存。——［古希腊］亚里士多德

人类从哪里来？

可是，爸爸妈妈是从哪里来的呢？人类的祖先又是从哪里来的呢？

在古代，很多人都相信是一种超自然的力量创造了人类。到了近代，达尔文提出了生物进化论，认为人类和地球上的其他生物都有着共同的祖先。现在，又有一些科学家推测，地球上的生命都起源于广袤（mào）的海洋。从这些层出不穷的探索和研究可以看出，我们人类非常想知道自己是从哪里来的。

人类到底从哪儿来的？

女娲用泥捏的！

神造的！

猴子变的！

从海洋生物进化来的！

一个人可以独自生活吗？

你有没有想过独自一个人生活呢？或者干脆躲到一座荒岛上，想做什么就做什么，没人会要求你、批评你。可是，在享受一个人的"自由"生活时，你会在乎自己乱糟（zāo）糟的头发吗？你会在乎今天是星期几吗？你会思考生活的意义吗？你还会对未来充满希望吗？

看到这里，你是不是感到紧张了？

是的，我们每个人都无法脱离社会生活。

我们需要家人，需要伙伴，需要集体。

人类的历史

远在你出生之前，世界上已经发生过许多事情了，这些事情虽然已经过去很久，甚至都不是在你所居住的区域发生的，但它们并非和你没有关系。

想想看，如果历史没有记载战争所带来的灾难（nàn），人类会不会又轻率（shuài）地发动战争呢？过去的历史影响着当下的生活，了解人类的历史，可以让我们明白自己从哪里来，并思考未来的我们将会成为什么样的人。

活着的意义是什么？

为了和家人在一起快乐地生活

你来到这个世界，你是爸爸妈妈生命的延续，你是他们爱的寄托。

因为你的到来，家里充满了欢声笑语，充满了爱和希望。一家人相互关心、相互陪伴，彼此不再孤单。

我为什么来到这个世界？ 为了做有意义的事！

活着的意义是什么？

为了感受人间的美好

你来到这个世界，为的是玩各种有趣的游戏，和朋友一起赛车，看有意思的动画，和小狗一起去兜风；为的是品尝香喷喷的糕点、甘甜的浆果和其他一切美味的食物；为的是读美好的童话故事，学习有用的知识；为的是提出各种问题，体会思考的乐趣，探索世间的真理。

为了见识有趣的世间万物

你来到这个世界，为的是看阳光穿过窗子，树木穿上春天的衣服；为的是看花朵骄傲地盛放，夕阳照亮山谷；为的是看绿色的原野、奔腾的河流、连绵的群山以及郁郁葱葱的森林。

为了做自己喜欢的事

你来到这个世界，为的是弹奏美妙的音乐，唱你最爱的歌曲；为的是长大后从事你喜欢的职业，做科学家、警察、飞行员、老师……寻找工作的意义和快乐；为的是有一天能去远方冒险，见识广阔的世界，经历丰富的人生，遇见有趣的人；为的是做你喜欢的事，实现你的梦想。

为了让世界变得更美好

你来到了这个世界，为的是帮助有困难的人，献出你的爱心；为的是成就一番事业，用自己的力量让世界变得更美好；为的是做一切有意义的事，即使你还没想好要怎么做。

🎤 智者说

人只有献身于社会，才能找出那短暂而有风险的生命的意义。——［美］爱因斯坦

我的身体里藏着另一个"我"吗？

我身体里藏着另一个"我"。

难道你进入了平行世界？

藏在身体里的"我"

有时候，我感觉身体里藏着另一个"我"，就像平行世界中的另一个"我"。

我伸长脖子看不到他，照镜子也看不到他。不过，我可以感觉到他的存在，特别是独处的时候。藏在身体里的那个"我"，可真是个奇怪的存在啊！

哪个是真正的她？

不一样的我

人们看到的我胆小害羞，藏在身体里的"我"却是一个宇宙超级战士。
人们看到的我像个疯丫头，藏在身体里的"我"却是一个温柔的公主。
人们看到的我自信满满，藏在身体里的"我"却是一个自卑的小孩儿。

千万不能让人看出我的自卑……

哇，他好自信啊！

我和藏在身体里的"我"

看到有人做坏事，我悄悄躲开了，藏在身体里的"我"就会跳出来说："你不该像个胆小鬼一样逃走！"

放学回家，我忍不住打起了游戏，藏在身体里的"我"就会跳出来说："再玩下去，你就会变成班级倒数第一！"

班里竞选中队长，我很害怕竞选失败，藏在身体里的"我"就会跳出来说："不试试怎么知道自己不行？"

藏在身体里的"我"总是在监督和鼓励着我。

万一竞选失败怎么办？还不如弃权！

不试试怎么知道自己不行！

独自一人时的"我"

独自一人时，藏在身体里的那个"我"，就是我最好的倾听者。我喜欢和他谈心，我会把所有的秘密都告诉他。他相信我说的一切，也会替我保守秘密。很多时候，我爱他胜过爱我自己，我甚至会给他起一个很不错的名字。

身体里的另一个新的"我"

有时，我会迸发出连自己都难以置信的力量，这是身体里的"我"正在产生作用。

有时，身体里的"我"会消失，无论我怎么寻找，也找不到他。

有时我还会在身体里发现许许多多的"我"。我该怎么与这么多个"我"相处呢？

感谢身体里的"我"一直在为我鼓劲儿！

❓ 想一想

人们眼中的你和藏在你身体里的"你"，到底哪个才是真正的你呢？

我为什么和别人不一样？

我是这个世界上独一无二的存在！

没有两种完全一样的事物

世界上没有两片完全一样的树叶，即使它们长在同一根树枝上。

世界上也没有两个完全一样的人，即使他们是一对双胞胎。

在这个世界上，有的人是高个子，有的人是矮个子；有的人是单眼皮，有的人是双眼皮；有的人性子急，有的人性子慢；有的人活泼好动，有的人安静内敛（liǎn）……

形形色色的人，让世界千姿百态。

你是独一无二的

每个人都是独一无二的。

也许你不够好看，也算不上聪明，还是一个"哭鼻子大王"……可这有什么关系呢？尽管你不够完美，但你就是你呀！也许你爱发脾气，还很调皮，脑袋里面装满了各种不切实际的幻想……可这就是你最真实的模样。

你是独一无二的，你可以和别人不一样。

你是独一无二的，你就是你自己！

我不帅，我不聪明，我是"哭鼻子大王"，我爱发脾气，我调皮，我爱幻想……

独 一 无

就是喜欢自己

你喜欢自己吗？图书馆里读书的自己，球场上奔跑的自己，舞台上闪光的自己，睡觉时打呼噜的自己，脸上点缀（zhuì）着小雀斑的自己，失败了爱哭鼻子的自己……不管是什么样的自己，你都可以大声说："我就是喜欢我自己！"

我就是喜欢我自己！

和我一样自信！

特殊的礼物

二的我们

不一样的他们

有的人和你相像，所以你觉得他们亲切，喜欢和他们在一起；有的人和你差别很大，所以你觉得他们"怪异"，不喜欢和他们做朋友。

世界上有各种各样的人，每个人都是独一无二的。不要因为肤色不同、语言不同，甚至仅仅因为他穿着你不喜欢的衣服就皱起眉头，或给他贴上不好的"标签"。你要知道，你是独一无二的，别人也一样是独一无二的。

🎤 **智者说**

凡物莫不相异，天地间没有两个彼此完全相同的东西。——［德］莱布尼茨（cí）

我有自由的权利吗？

那我们能想干什么
就干什么吗？

我们有权利做自
己想做的事。

宝贵的自由

　　自由是每个人的权利。拥有自由，我们可以读书、写字，可以跳舞、唱歌，可以为自己的梦想而努力。然而，在这个世界上，并非所有人都能像我们一样幸福，还有一些人会由于各种各样的情况，而不能去做自己想做的事情、成为自己想成为的人。

自由真好！

我们想去哪里就去哪里！

自由是想干什么就干什么吗？

　　如果你以为，自由就是想吃多少糖果就吃多少，想看多久动画片就看多久，想摘公园里的花就随便摘，想在上课时聊天就随便聊……总之，想做什么就做什么，那就错了！

　　自由，不是放纵，不是散漫，它要被身体、道德、社会规则等约束。

长大后会更自由吗？

你可能会觉得爸爸妈妈比你更自由，因为他们不必像小孩一样听大人的话。可事实上，爸爸妈妈需要承担更多的社会责任和家庭责任，他们要按时上班，他们要细心地照料你，他们还要考虑工作收入、生活开销、衣食住行等许多问题。

尊重他人的自由

当然，在你享受自由的同时，不能损害他人的利益。比如你有说话、行动的自由，可如果在图书馆里大喊大叫、随意跑动，就会妨害他人在安静的环境里读书的自由。

我们要对自己的言行负责，尊重他人的自由。

每个人都是自由的呀！

小孩子不应该化妆！

图书馆
宠物禁止入内

🎤 **智者说**

自由不是你想做什么就能做什么，而是你不想做什么就可以不做什么。——［德］康德

我会死吗？

每个人都会死

死亡是生命的终结。有些人活了很长时间，经历了许多事情之后死去；有些人只活了短短几年，便走到了生命的终点。无论是受人瞩（zhǔ）目的英雄，还是世界上最幸运的人，最后都会离开这个世界。

死亡是自然的

死亡是自然的、平静的，就像一片树叶变黄、变枯，最后从树枝上掉落下来。这片树叶见过露水、阳光和美丽的彩虹，它努力生长，经历风霜雨雪以及四季的变化，从小芽长成宽阔的叶片。当它走完生命的旅程，便潇洒地离开枝头，化为泥土，重新回到大地的怀抱。

哀悼与怀念

死亡是一件悲伤的事。但有的人，会把悲伤藏起来，不让别人看到。

有时，悲伤会在心里越长越大，最后变成一头忧郁的、灰暗的"大象"，把我们的心踩得很痛。

那么，请痛痛快快地、真诚地哀悼（dào）吧，哀悼完，就把这头"大象"赶得远远的！

怀念是有意义、有力量的。即使你爱的人离开了，但只要你记得他们的面庞、笑容，他们就会以另一种方式继续陪伴你。

人死后会去哪儿？

人死后，都会从世界上消失。然后，到哪里去了呢？变成一场春雨，一片云彩，或者一阵清风？

即便是世界上最聪明的人，也没办法给你一个准确的答案。这真是一个谜。

🎤 **智者说**

未知生，焉知死？——《论语》

珍惜生命

每个人的生命都只有一次。此时此刻，你最想做的事情是什么呢？和好朋友一起去郊游？在微风中荡秋千？看漫天飞舞的雪花？养一只小猫？读一本喜爱的书？……不管是什么，赶紧去做吧，我们应当珍惜生命里的每一刻。

孤独的滋味

孤独能让我与自己的心灵对话。

什么是孤独?

好朋友去旅行了,只剩你一个人。你做什么都觉得没有意思,无聊极了。没人和你说话,没人陪你玩儿。时间慢得像爬行的蜗牛,你不知该如何打发。

你没有朋友的陪伴,心里空落落的,好像失去了什么,做什么事情都提不起兴趣。是的,你正在感受孤独。

我好害怕孤独。

孤独使你感觉自己被世界抛弃了

当你和大家合不来时,就有可能陷入孤独的情绪中。周围的人三五成群,而你却孤零零一个人。没人理你,你也不和别人说话。你感觉自己在一座孤岛上、一片沙漠里。你装作不在意,不想让自己显得可怜兮(xī)兮,可是你孤单的背影却出卖了你。你伤心、失落,感觉自己被整个世界抛弃了。

感到孤独时该怎么办？

找一件你热爱的事情去做吧！读一本有趣的书，听一首喜欢的歌曲，或者勇敢踏上寻找友情的路 —— 说不定有人也在路的另一头寻找你。

有时，大人也会孤独，你可以去找他们聊一聊，也许他们会给你出个好主意。

勇敢的"独行侠"

意见和想法不被众人认可时，你也会感到孤独。就像你独自走在路上，希望有人能与你同行，可别人都不愿意这么做。不管如何，敢于坚持自己的想法，做一名勇敢的"独行侠（xiá）"，也很了不起。

孤独也是一种美

一个人时，你可以从忙碌或热闹的生活里走出来，花点儿时间和自己相处，了解自己；

一个人时，你有足够的时间去做自己想做的事，不必考虑任何人的意见，不受任何人的打扰；

一个人时，你可以走进大自然，在雪中散步，在雨里伫（zhù）立，你会发现原来身边藏着这么多美好的事物。

孤独也是一种美，所以古今中外才有那么多伟大的诗人吟诵孤独。

🎤 **智者说**

孤独，是忧愁的伴侣，也是精神活动的密友。——［美］纪伯伦

我为你播撒友谊的种子……

友谊

每个人的梦想都能实现吗？

我的梦想，就是让一切梦想成真！

有梦想真好

有人和你聊过关于梦想的事吗？你的梦想是什么？

做一名航天员，穿上专业的航天服？当一名潜水员，可以随时和虎鲸打招呼？成为一名芭蕾舞演员，在舞台上展现优美的舞姿？拥有一座大大的巧克力工厂，制造供全世界小朋友吃的巧克力？

不管你的梦想是什么，都要努力实现它。因为有梦想，你对生活的热情才不会减退。

梦想没有高低之分

梦想可以很远，也可以很近。你可以梦想去征服世界上最高的山，也可以梦想将来在楼下开一家糖果店。

梦想可以很伟大，也可以很渺（miǎo）小。你可以梦想当一名杰出的科学家；也可以梦想隐居在山林里，和自己最喜爱的小动物为伴。

也许你的梦想听起来很普通，也许你的梦想听起来很古怪，但梦想就是梦想，没有人能给你的梦想打分。

变来变去的梦想

昨天你还梦想做一名知识渊博的历史学教授，今天你却决定去训练一头凶猛的狮子；你刚对昆虫着了迷，梦想当一名昆虫学家，可没过几天又认为当一名飞行员更酷……梦想会变来变去，不过，没有关系，有梦想就是一件好事。

实现梦想不容易

拥有一个梦想很容易，但实现一个梦想却没那么简单。

你想当一名超级赛车手，却连坐车都会恶心呕吐；你想当一名高音歌唱家，却连一个音符都唱不标准；你想当一名数学家，却连最简单的计算题都做不对……

所有这些，只有通过坚持和努力才能改变，因为没有谁不付出就可以实现梦想。

🎤 智者说

世界上最快乐的事，莫过于为理想而奋斗。——［古希腊］苏格拉底

为什么要尊重一棵树？

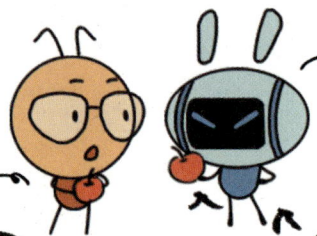

因为它请你吃果子。

生命都是平等的吗？

生命只有一次

你像巨人一样站在蚂蚁面前，却小心地绕过它，尽量不去干扰它的生活。你知道蚂蚁虽然很小，但生命只有一次，就像我们人类一样。

蚂蚁们忙忙碌碌，给这个世界带来生机。如果它们失去生命，就再也不能用触角到处探险，不能辛勤地采集食物，也不能高高兴兴地挖洞、修建它们的巢穴了，那样是不是很遗憾呢？

万物都是平等的

你喜欢春天吗？春天来的时候，树木发芽，花朵绽放，各种各样的小动物重新出现在我们的生活中。当然，这得感谢大自然，是她，像万物的母亲一样，不单孕育了人类，还孕育了飞禽走兽、花草树木。

作为大自然的一部分，地球上的一切生命都是平等的。人类不是地球的主人，我们不该妄（wàng）自尊大，让自己高高在上。我们要尊重生命，做大自然的守护者。

人类从万物身上获得灵感

你见过迷彩服吗？它是人类根据动物的自然伪装发明出来的；你见过潜水用的脚蹼（pǔ）吗？它是人类根据动物脚趾上的蹼发明出来的。

人类向鱼类学习，发明了潜艇；人类向蝙蝠学习，发明了雷达；人类从锯齿草上获得启示，发明了锯子……

聪明好学的人类从地球上的其他生物身上得到了很多灵感，创造出各种先进的科技产品。

人类活动加剧了物种灭绝

在全世界约 800 万个物种中，有约 100 万个物种正因人类活动而面临灭顶之灾。很多生物在人们尚未知晓它们的存在时，就已经被迫消失在历史的长河中。大自然需要多种多样的生物，人类在把其他物种推向毁灭的深渊时，也在锯断自己栖息的那根树枝。

🎙 **智者说**

天地万物与我并生，类也。——《列子》

人类停止思考会怎样？

想停止思考也是一种思考。

我想停止思考。

每个人都会思考

天文学家思考如何探索太阳系，艺术家思考如何创造出独一无二的艺术作品。

我们普通人也会思考。

小孩会思考太阳为什么挂在天上，虫子为什么在地上爬；老人会思考自己长长的一生都经历了哪些难忘的事，未来还能创造多少价值。当然，你也会思考，比如要挖一个多么深的洞才能到达地心，或者到底去不去看今晚的演出。

思考的内容

人会思考很多东西。

读书时，你会思考主人公为什么去冒险；做数学题时，你会思考用什么公式才能解出答案；画画时，你会思考如何构图；夜晚躺在床上，你甚至会突然思考自己到底是谁。

思考有时是严肃的，有时是有趣的；有时是轻松的，有时是沉重的；有时对整个世界都意义重大，有时只关乎我们自己。

你在思考晚上吃什么吗？

思考很重要

大人如果停止思考，就无法对人生中的重要问题做出正确决定，比如是否该换一份工作。

孩子如果停止思考，就无法回答老师提出的问题，也不能和小伙伴下棋了。

人类如果停止思考，就不会发现新的事物和规律，社会就会停止进步。

学会思考

思考令你感兴趣的事物，你会收获更多乐趣和灵感。如果思考时，你觉得脑子里像塞了一团棉花，整个人昏昏沉沉的，可以尝试和他人交谈，甚至辩论，就像伟大的古希腊哲学家苏格拉底一样。另外，你可以多读书，书籍将教会你如何更好地思考。

🎤 智者说

学而不思则罔（wǎng），思而不学则殆（dài）。——《论语》

该不该有欲望？

我想要买下所有闪闪发亮的东西！

包括太阳吗？

生活

再不控制欲望，就会掉入深渊……

金钱 名誉
名车 地位 美貌
美食 豪宅

大大的欲望

　　什么是欲望？简单来说，就是你很想得到某个东西，或者达到某种目的。

　　你幻想自己成为班级第一名、拿到奖学金、考入理想的大学，甚至获得诺贝尔奖；你幻想自己拥有亮晶晶的发卡、心仪的球鞋、崭新的自行车……

🎙 **智者说**

　　一个人如果能够控制自己的激情、欲望和恐惧，那他就胜过国王。——［英］弥尔顿

欲望越多越好吗？

你想顿顿吃超级大餐，可大餐吃多了，你的肚子会鼓得像塞进了一只肥鹅，衣服都要被撑破。

你想拥有一柜子的漂亮衣服，可衣服太多了，就会挑花眼，拿起哪一件都感觉不好看。

你想把全世界的动画片都看完，可动画片看多了，你的视力会越来越差，眼镜片也会越来越厚。

不过，假如你有读书的欲望，当然多多益善，它会让你的小脑袋里装满智慧。

什么是最好的？

人们总是会羡慕别人拥有很多东西，但他们却懒得去想这些东西是否真的适合自己。

细长的脖子让天鹅看上去更完美，可它要是长在一只肥硕（shuò）的老母鸡身上，是不是就变得很滑稽（jī）了呢？

对读书的欲望，可以多多益善！

知识 知识 知识 知识 知识 知识

把欲望关进笼子里

每个人都有渴望的东西。有欲望，并不是一件坏事，合理的欲望得到满足会给人带来幸福感。可是过分的、无节制的欲望会变成贪婪（lán）的猛兽，吞掉人们的智慧和善良。

贪婪

我为什么会嫉妒？

有时候，心里酸溜溜的，是怎么回事？

凭什么别人有，我没有！

嫉妒是一种常见的情绪

嫉妒的滋味可不好受，它会让你的心里像长了霉菌似的，散发出酸溜溜的气味。

不过，嫉妒是一种很正常的情绪，大人会有，小孩会有，甚至连动物都会有。

有时候，你也会遭到别人的嫉妒。

嫉妒心是怎么来的？

有时，嫉妒是因为别人拥有的东西你没有。

跑步比赛中，有个幸运的家伙首先冲过了终点线，而你却摔了很惨的一跤。他得到了金牌，你却被大家嘲笑。于是你的嫉妒之火开始燃烧。

有时，嫉妒是为了得到更多的爱和关心。

朋友突然告诉你，你不再是他最好的朋友了，最多排到第三名。你会不会对抢走你"位置"的家伙充满嫉妒？

嫉妒的味道又苦又涩

嫉妒像一只绿眼妖魔，每当你被它迷惑时，就会对自己拥有的东西视而不见：你不再相信自己是最棒的，你被失落和沮（jǔ）丧围绕，你想躲到一个角落里，或者握紧拳头，给那个让你"不爽"的家伙狠狠一击。

主人是我的！

再见，嫉妒！

学会欣赏别人的优点。如果老师更喜欢你同桌画的帆船，而不是你画的城堡，那你就大方地对同桌说："真为你感到高兴！"

不要攀比。相信你拥有的一切已经足够多、足够好。

不要一个人默默伤心。你可以找亲近的人，说说你的感受。用不了多久，"绿眼妖魔"就会灰溜溜地逃走了。

🎤 智者说

嫉妒是绿眼的妖魔，谁做了他的俘（fú）虏（lǔ），谁就要受到愚弄。——［英］莎士比亚

乐观有多重要？

但是，你可以和我玩了呀！

今天竟然还得上学！

乐观是一种看待事物的态度

下雨天，你的鞋子湿了。这时，你有两种选择，一种是不停地抱怨，觉得自己很倒霉；另一种是干脆痛痛快快地玩一场"踩水游戏"。

同样一件事，是关注它美好的一面，还是糟糕的一面，决定了你的感受。你的快乐主要取决于你如何看待事物，而不是事物本身。

我的鞋子都湿了！

哇，可以踩水啦。

保持积极向上的心态

天气太热，但空调坏了。没关系，你就当免费蒸桑拿了。

被同学嘲笑戴牙套。没关系，不久你就可以向他们炫耀整齐的牙齿了。

生病休学在家。没关系，你正好有大把的时间，把喜欢的故事书看个够。

大雨让你的出游计划泡汤。没关系，和爸爸妈妈在家看一场电影也一样有趣。

不管出现什么状况，只要你往好处想，好心情就会重新回来！

这么热的天，空调还坏了！

你免费蒸桑拿，还赚了呢！

乐观能帮你战胜很多困难

你刚转到一所新学校，面对陌生的环境，如果你想象自己很受欢迎，那么乐观的心态就会帮你快速融入新集体，交到新朋友。

你因明天的钢琴表演而紧张得发抖，生怕弹错一个音。可是，越紧张就会越糟糕，不如乐观一些，想象一下自己表演成功后，台下响起热烈掌声。保持乐观的心态，可以让你拥有更强的自信，战胜更多困难。

感恩当下的拥有

拥有一颗感恩的心，你将会收获更多的快乐。

列一个清单，把你已经拥有的东西写在上面：吉他、宠物狗、故事书、爸爸妈妈的爱、无话不谈的好朋友、健康的身体……你会发现，自己原来如此富有。

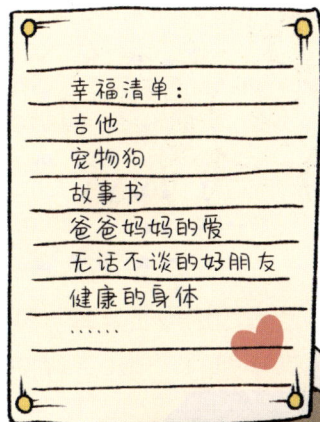

幸福清单：
吉他
宠物狗
故事书
爸爸妈妈的爱
无话不谈的好朋友
健康的身体
……

哇，你好富有！

🎤 **智者说**

乐观是希望的明灯，它指引着你从危险峡谷中步向坦途，使你得到新的生命、新的希望，支持着你的理想永不泯（mǐn）灭。——［英］达尔文

别人认为的**缺点**就一定是缺点吗?

找找你的缺点!

你举着放大镜干什么?

是缺点，还是优点?

看到什么东西都想拆下来一探究竟一定是缺点吗? 不一定, 这反而说明你有出色的想象力和动手能力。

爱说话就一定是缺点吗? 不一定, 有些 "小话痨 (láo)" 长大后就变成了优秀的主持人。

胆子小就一定是缺点吗? 不一定, 一个 "胆小" 的卡车司机总能更加安全地驾驶车辆。

别人眼里的缺点, 也许正是你的优点呀!

她小时候就是个让人头疼的 "小话痨"……

不一样的眼光

一个古板严肃的人看到一个活泼吵闹的孩子, 会觉得心烦, 他会想这孩子怎么一刻都不肯安静下来呢! 可在另一些人眼里, 这个孩子却是可爱的、充满活力的。用不一样的眼光看待同一个人, 他的缺点有时也可能变成优点!

这孩子好有活力!

真是闹腾!

身体的"不一样"就是缺点吗？

当你的身体和大家不一样时，你可能会因此而感到苦恼。比如脸上有疤痕，耳朵听不清声音，怎么使劲都跑不快，体重比别人重好多……不过，这些都不能算是你的缺点。因为这个世界上从来都没有完美的人。你不必为身体的"不一样"而烦恼，也许正是它们的存在，才让你显得独一无二。

探险队 队长

小刚：正

你们为什么都推荐我？

你是与众不同的！

你让我们有安全感！

对，你非常有责任心！

我们信任你！

🎤 **智者说**

我能坚持我的不完美，它是我生命的本质。——［法］法朗士

接受你的缺点

有人说，不合群好像是个很大的缺点。可是，喜欢独处，喜欢一个人静静地思考问题，这有什么不好呢？

有人说，干什么都慢腾腾是个缺点。可是，遇事不急不躁，总能把问题妥善地处理好，这不也很好吗？

缺点不是由别人来定义的，而是由你自己来评价的。只要你能够接受它、认可它，并且没有妨碍他人，也没给谁带来伤害，有缺点又有什么关系呢？

当然，如果你觉得你的缺点已经造成了麻烦，也可以选择改掉它，这也是一种值得肯定的勇气。

爬起来，拍拍身上的土！

我摔倒了怎么办？

怎样面对生活中的不如意？

起风了怎么办？

起风了怎么办？起风了，总有风停的时候。

天黑了怎么办？天黑了，总有天亮的时候。

迷路了怎么办？迷路了，就停下来，回头看一看。

严寒来了怎么办？严寒来了，春天就不远了。

总有风停的时候。

受伤了怎么办？

受伤了怎么办？受伤了也只是结一个痂（jiā），用不了多久痂就会掉。

没有朋友怎么办？没有朋友就去寻找，也许此时正好有人也在寻找你。

被欺负了怎么办？被欺负了就不客气地还回去，像一个勇敢的人该做的那样。

小狗永远闭上了眼睛怎么办？此时的它就像睡着一样，好好和它道别，记住你们在一起的快乐日子。

这点儿小伤算什么！

我晕血！

🎤 **智者说**

假如生活欺骗了你，不要悲伤，不要心急！忧郁的日子里须要镇静，相信吧，快乐的日子将会来临！——［俄］普希金

爸爸失业了怎么办？

爸爸失业了怎么办？爸爸失业了，就会有更多的时间陪伴你。再说，世界上有那么多工作等着人去做，新的工作很快就会有。

爸爸妈妈争吵了怎么办？即使他们有很多意见不一致，但在爱你这件事上，他们永远都是一致的。

生活贫穷怎么办？即使生活贫穷，也要微笑着面对，因为爱笑的人运气都不会差。

受伤坐在轮椅上怎么办？即使你坐在轮椅上，也可以让车轮代替双脚，走遍世间的路。

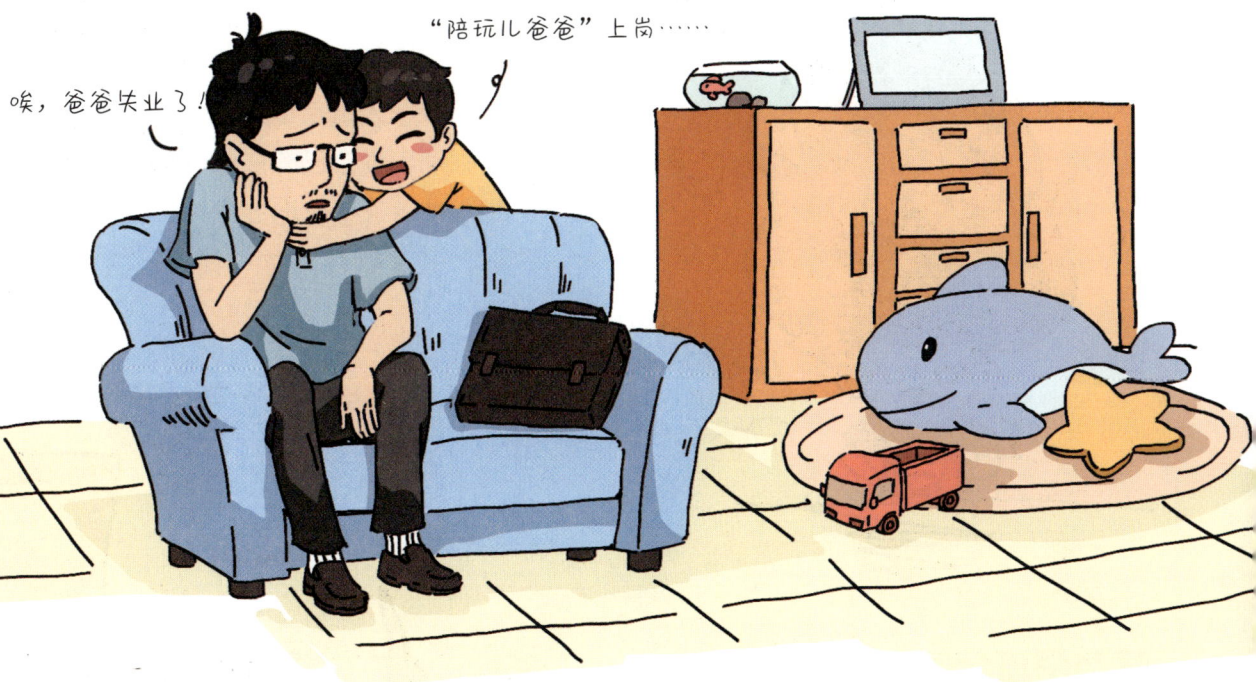

唉，爸爸失业了！

"陪玩儿爸爸"上岗……

幸福

幸福的旅行箱

对任何人来说，生活都不是一帆风顺的。在漫长的一生中，你会经历许许多多的事，这些事绝大多数都不像你认为的那般重要。无论如何，你的命运都不会取决于一场输惨了的足球赛，或者一次搞砸了的考试。

把幸福积攒起来，装进旅行箱。当生活不如意时，就打开这个旅行箱，让那些幸福帮你渡过难关吧！

控制不住的坏情绪

不行就是不行！

我生气了，我讨厌你！

为什么愤怒？

引起我们愤怒的事情可能多得数不过来：心爱的铅笔被别人抢走了，爸爸妈妈不同意买玩具，听到别人说自己的坏话，无缘无故被人踩了一脚，被老师严厉地批评……

这时，藏在身体里的"愤怒怪兽"就会突然现身。

我要气得爆炸啦！

愤怒是坏事吗？

愤怒本身不是坏事。就像天气有阴晴雨雪的变化，人的感情也是多种多样的，有快乐、伤心、平静、害怕等，愤怒是其中的一种。虽然愤怒很不一样，但我们还是要坦然地面对它。

愤怒的破坏力

如果你选择了不当的方式来表达自己的愤怒，结果会变得更坏。

你的心跳会加快，血压会升高，有时甚至连呼吸都变得不再顺畅……

当藏在身体里的"愤怒怪兽"冲出来时，连你最好的朋友也会被吓跑。

我要强忍着愤怒吗？

我们要管理好身体里的"愤怒怪兽"，可这并不意味着要强忍愤怒。当你身体里的愤怒越积越多，又找不到合适的出口，它就会变成一把利刃，反过来伤害你。

如何赶走愤怒？

"愤怒怪兽"最容易跑出来的时间大约是在你生气后的6秒钟。这6秒钟内，你是要大吼大叫顺从它，还是想办法找到另一种方式去驯服它？

当然，选择后者是最明智的做法。你可以先深呼吸，或去另一个房间转移一下注意力。当然，你也可以把你的"愤怒怪兽"画出来并对它说"不"。

你会慢慢发现，你没那么生气了，这个"愤怒怪兽"好像也变得可爱起来。

我为什么会害羞？

你的脸怎么这么红，是发烧了吗？

不，我只是有点儿……害羞。

小美，请你回答这个问题！

我……我……

哇，她的脸红得像个西红柿……

害羞的你

你不喜欢穿新衣服去上学，因为一旦引来众人的目光，就会浑身不自在。

你只要听到别人叫你的名字，脸就会"唰"地变红，像个西红柿。

你想要和大家玩耍，却不好意思打招呼，只能孤零零地一个人站在人群外。

你最喜欢待在家里，周围都是熟悉的人，这样你才觉得轻松自在。

小美不在家吗？

假装我不在家……

害怕跟人打交道

家里有人来做客，你会躲得远远的。

在电梯口遇到邻居，你会拼命把帽檐压低，假装看不到。

至于聚会，你就更不愿意参加了。一想到周围有陌生人在，你就会手足无措。

大……大家好，我叫……我叫不害羞……

羞于在大家面前讲话

上课回答问题时，你的声音小得像蚊子的叫声。你明明有不一样的想法，可一张嘴却总是附和别人。

当众演讲对你来说简直就是一场噩（è）梦。你的脸变得越来越红，说话结结巴巴，甚至腿在发抖。此时的你真想变成一个魔术师，让自己赶紧隐身！

害羞让你很受伤

害羞像一块绊脚石，阻止你说真正想说的话、做真正想做的事。

害羞像一面镜子，总能照出你不自信的一面。

害羞像一间小黑屋，你自己不想出来，也不愿意让别人进去。

害羞没什么大不了

害羞是人类最正常不过的一种情绪，有时连大人也会害羞，比如他们见某些重要的人时，或者在自己的婚礼上致辞时。

挑战害羞

回答老师的提问时不要犹豫，要马上开口，答错也没关系，正是因为不懂才要学习啊！

台下有很多人，可他们不是为了挑你的错才坐在那里的。说话结巴也没关系，重要的是你能勇敢地站在那里。

参加一个社团，发展某项特长，比如唱歌、演话剧，只要坚持这么做，慢慢也就不那么害羞了。

翻滚吧，害羞君……

🎤 **智者说**

害羞是畏惧或害怕羞辱的情绪，这种情绪可以阻止人不去犯某些卑鄙（bǐ）的行为。——［荷兰］斯宾诺莎

我为什么会自卑？

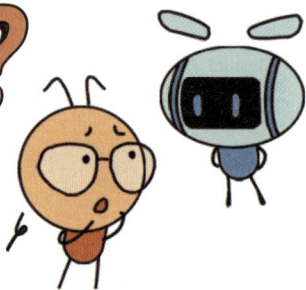

我要是你就好了。

你不喜欢这样的自己

你认为自己长得很丑，别人总是背地里偷偷议论你；你认为自己的舞蹈跳得很差，社团的老师和同学都不喜欢你；你认为自己很笨，别人都瞧不起你；你认为自己一无是处，没有人想和你做朋友……

于是，你不敢直视别人的眼睛，你总是站在大家的后面，你从来不敢发表自己的见解，你不敢主动和别人说话……你陷入了深深的自卑情绪中。

没人喜欢我　不受欢迎　我很差　我很丑　被人瞧不起　我很笨

你想，要是能成为别人就好了

你想，要是像别人一样大眼睛、高个子就好了，要是像别人一样讨人喜欢就好了。

你想，要是像别人一样经常受到老师表扬，像别人一样在球队大受欢迎，像别人一样想笑就笑，像别人一样敢于大胆表达就好了。

你想，要是能成为别人就好了。

那个被举得高高的是我就好了。

自卑让你受伤

你担心别人的目光和看法。你在脑海里一遍遍回放自己在聚会上说过的"蠢话"，你决定下次不要再开口说话。

你认为大家都不喜欢你，所以对周围的人缺乏热情。你不喜欢学校，不喜欢社交，你讨厌参加任何集体活动，因为那会让你显得孤零零的。

你认为自己遭到不公正的对待，所以心里委屈，会忍不住对最亲近的人发脾气。

赶走自卑的乌云

不要用放大镜来审视自己的缺点或者别人的优点，不要太在意别人的目光。换个角度看，或许短处也能变成长处。

多发现自己身上的闪光点，相信自己也在被人羡慕着。

🎙 智者说

以自卑为借口逃避人生的胆小鬼不计其数，但也有不少以自卑为动因而功成名就的人。——［奥地利］阿德勒（lè）

自卑不全是坏事

如果你认为自己不如别人，那就奋力去追赶，这让你有机会比别人走得更远。即便最优秀的人，有时也会自卑，不是因为他自认不如别人，而是因为他设定的目标还没有实现。

别看我腿短，可我步频高！

我的**秘密**要不要告诉**别人**？

我到底要不要把秘密告诉别人呢？

心里有了秘密是坏事吗？

不，这说明你长大了！

有秘密是坏事吗？

当你还是小孩子时，你喜欢把所有的话都说给爸爸妈妈听。等你渐渐长大，就会发现你的小世界开始有属于自己的"小秘密"了。

当然，这不是坏事，反而说明你长大了，开始具备独立思考、自己做决定和承担责任的能力。秘密就像是一个贴在你心灵上的特殊标志，证明你存在的独特性。

秘密花园

把"秘密宝物"藏在某个只有自己知道的地方，时不时去看一眼，会感到安全和满足。

对着流星许下一个秘密的愿望，心里是多么喜悦。

和朋友们建立一个大人不知道的"秘密基地"，设计一个奇特的标志，真的是妙不可言。

流星，我的秘密只有你知道……

秘密要不要告诉别人？

如果把秘密告诉别人，那就不再是秘密了，还有什么意思？可是守一个秘密太久，又实在很无聊。真是矛盾呀！

如果你觉得一个人独守秘密太可惜，不妨挑选信得过的人，比如爸爸妈妈、兄弟姐妹或者最亲密的朋友，分享一下你的秘密。

我有一个秘密。

说出来就不是秘密了……

快说给我听！

🎤 **智者说**

世上不存在任何秘密，除非秘密能自动保守。——［爱尔兰］萧伯纳

需要说出来的秘密

有些藏在心底的秘密让人感到温暖和愉悦，每每想起来都快乐极了；而有些秘密却让人不安和痛苦，一想起来，心里就像扎了一根尖刺，甚至有时为了保守它们而不得不撒谎。

让人吃苦头的秘密，最好不要憋在心里，说给你信赖的朋友和大人听，他们或许会帮助你渡过难关。别担心，爱你的人不会拿你的弱点和不幸当笑话，更不会因此轻视你。

我为什么总怕失去爱?

父母的爱

你需要父母爱你,越来越爱你。可是,妈妈的眼睛从不离开妹妹,对她总是笑容满面,而对你却时不时地板着脸。更过分的是,你不过让浴室充满泡泡,妈妈却说你在胡闹。

你想,妈妈是不是不爱你了?

如果是这样,谁来送你去上学?谁来听你诉说烦心事?谁来教你做那些你还没学会的事?

你感到担心和难过。

妈妈为什么总抱着小妹妹?

因为她还不会走路。

真是胡闹!

我只是想让浴室变得可爱些……

好朋友的爱

你需要好朋友喜欢你,越来越喜欢你。可是,她却说想自己一个人待会儿。

你想,也许是你惹她不高兴了,过不了多久,她就会把你从好友名单上除名。

如果失去了好朋友,谁来和你分享秘密?谁来和你一起比赛骑自行车?谁又会在你被欺负时挺身而出呢?

你感到担心和难过。

我想和你聊聊天!

对不起啊,我现在没有时间。

她是不是不想和我做朋友了?

寻找爱的证据

你有多么渴望得到爱，就有多么害怕失去爱。即使爸爸妈妈说过永远爱你，你也会因为害怕他们忘记自己说过的话，而一遍遍求证。你无法确定爸爸妈妈到底有多爱你，是爱得不能再爱，还是只爱那么一点点？

当你找不到爱的"证据"时，你会非常难过，因为你需要被爱。

相信爱

爱不仅是拥抱和亲吻，有时责备、担忧也是爱。

爱不是每时每刻都要在一起，即便是你最好的朋友，也需要独处的空间。

相信爱，不要因为害怕失去，而错过那些值得珍惜的时光。

🎤 **智者说**

爱，可以创造奇迹……被摧毁的爱，一旦重新修建好，就比原来更宏伟、更美、更顽强。——［英］莎士比亚

43

我为什么总觉得内疚?

我很内疚。

你总算能认识到自己的一点儿错误了。

对不起
对不起
对不起
对不起
对不起
对不起

你常常会感到内疚

你冲爸爸大发脾气,只是因为他没给你买想要的汽车模型。

你和弟弟在屋里玩骑马游戏,不小心打碎了妈妈新买的壁灯。

你对朋友说了一句很粗鲁的话,伤了他的心。

你用树枝捅漏了蚁穴,一群小蚂蚁因此变得无家可归。

你知道自己做的这些事很糟糕。如果一切能重新来过,你不会再这样做。

你感到非常内疚(jiù)。

好希望重新来过。

反思中……

内疚是一种对自己行为的反思

一般情况下内疚能帮你认识自己的错误,并做出改变。

你承认爸爸说得对,你的玩具多得快塞满整个房间了,你决定今后在其他方面也要认真考虑爸爸的建议。

你决定把游戏"战场"转移到院子里,这样就不会再破坏房间里的物品了。

你认为说粗鲁的话其实很无聊,换一种语气,或许别人更容易接受。

你决定从此以后善待小动物,也不允许别人欺负它们。

这不都是你的错

妈妈每天辛苦工作，还要挤出时间来照顾你。你想，妈妈这么辛苦都是为了你。

虽然你努力了，但还是没能救活那只受伤的小鸟。你想，都怪自己没有早点儿发现它。

跑步比赛时，你没能取得好名次。你想，是你影响了班级荣誉。

善良的你，把责任都揽在自己身上。

对不起小鸟，我没能把你救活！

你己经尽力了，这不是你的错……

要不是为了我，爸爸妈妈就不会这么辛苦了！

才不是呢！

🎤 智者说

没有必要为眼前的错误怀疑自己，而应该直面错误，并在以后避免类似的错误。——[奥地利]阿德勒

过分的内疚，会伤害自己

很多时候，事情不尽如人意，并不是你做错了什么，而是你比别人更敏感、更有责任心。

父母照顾你，是因为他们爱你。实际上，大人们本来就需要承担很多责任。有时，他们也为自己做的事感到自豪。

助人为乐，要在自己力所能及的范围内，你没法帮助所有人和动物。

不必遗憾，只要你拥有一颗善良的心，你的光芒便能把周围照亮。

世界是由什么构成的?

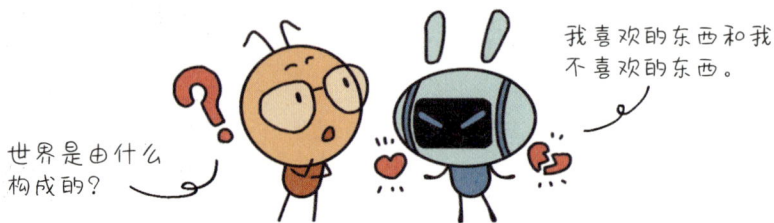

我喜欢的东西和我不喜欢的东西。

世界是由什么构成的?

物质构成的世界

有人认为，世界是由物质构成的。那么，物质是什么呢?

先从你能看到的物质说起吧!比如你的身体、脚下的石头、门前的树、远处的田野、天上的云朵、奔腾的河流……

当然，肉眼看不到的物质也有很多，比如无边无际的宇宙、渺小的微生物……它们都是这个世界的一部分。

即使你不去想、不去看、不去关注，这些物质也会一直存在。

头脑里想象出来的世界

有些哲学家认为，人类头脑中想象的事物，以及对物质世界的想法，也是世界的一部分。它们看不见、摸不着，以一种无形的状态存在于人的头脑中。

世界的本原是数

世界的本原是
金、木、水、火、土

世界的本原是原子和虚空

毕达哥拉斯

中国古代先贤

德谟克利特

组成世界的"积木"

你一定玩过积木吧？你可以将它们搭成宫殿、火车以及任何你喜欢的东西。在你的眼里，这些小积木可以组成一切。

有人认为，世界上的每一种物体虽然外表不同，但都是由同一种东西组成的。就像搭积木似的，用一样的"积木"可以创造出无数不一样的形态。

哲学家眼里的世界

世界的本原是什么？这是最古老的哲学问题之一。

毕达哥拉斯认为，世界的本原是数，世上的一切事物都和数有着紧密的联系。

德谟（mó）克利特认为，世界的本原是原子和虚空，而原子是不可分割的最小微粒。

赫拉克利特认为，世界的本原是火，世界是一团永恒的活火。

泰勒斯认为，万物皆由水而生成，又复归于水，世界的本原是水。

中国古代五行学派认为，金、木、水、火、土这五种物质是组成世界的基本元素。

🎤 **智者说**

当我们真正热爱这世界时，我们才真正生活在这世上。——［印度］泰戈尔

世界的本原是火

赫拉克利特

世界的本原是水

泰勒斯

我为什么要交朋友？

人非要交朋友吗？

那你别和我说话……

和不一样的人交朋友

你喜欢蓝色，他喜欢绿色；你喜欢踢着球跑来跑去，他喜欢静静地坐着听音乐。

每个人都是不一样的存在，你们有不同的喜好、不同的性格，但这并不妨碍你们成为朋友，互相喜欢。

有朋友真好

真正的好朋友会永远对你讲真话，从不欺骗你。

你取得好成绩时，朋友会赞赏你；你难过时，朋友会拥抱你；你缺乏勇气时，朋友会鼓励你；你沮丧时，朋友会陪伴你……

假如你想吃蛋糕，可以直奔朋友的家。你的到来，会让朋友感到非常开心，他会为你准备美味的食物，外加一枝漂亮的花。

我有友情要"出租"

没有朋友，你会感到孤单

一个人看电影，一个人逛书店，一个人去餐厅吃饭……想想都觉得孤单，甚至有些害怕。如果有朋友在身边，做这些事的乐趣就会增加几倍。

🎤 智者说

如果你把快乐告诉一个朋友，你将得到两个快乐；而如果你把忧愁向一个朋友倾吐，你将被分掉一半忧愁。——［英］培根

怎样交朋友

没有谁天生拥有朋友。想交朋友，就要主动去寻找。

敞开心扉，向别人主动介绍自己，分享自己的兴趣爱好；尊重他人的不同观点和感受，学会接受和欣赏人与人之间的差异；在朋友遇到困难时，伸出援手。

每个人都不是完美的，你的真诚和包容可以使你拥有真挚的友谊。

珍惜友谊

一句粗鲁的话，一个谎言，都可能使友谊产生裂痕。

愤怒和谩（màn）骂，会让朋友远离你。

朋友之间应该彼此尊重、忠诚、信任，相互分享、鼓励、赞美、关心……

当然，有时只是对朋友说说心里话，也会让你们的关系亲密无比。

我为什么要上学？

我为什么必须去上学？

因为你可以学到很多东西。

如果没有学校

如果没有学校，就不用去上学了；如果没有老师和作业，就能每天尽情玩耍了。

这听上去很不错。可要是没有固定的地方去学习，整天在家无所事事，将会给大人制造多少麻烦呀！因此，学校产生了。

在古代很长一段时间里，只有家境富裕的男孩才可以去上学。现在，无论家境好坏，无论是男孩还是女孩，只要到了上学的年纪，几乎所有孩子都可以去学校读书。

学校开设的课程有用吗？

不学数学，买东西就算不清楚账，你可能会吃亏。

在学校里学习交通知识，会让出行更加安全顺畅。

上体育课，可以让你长得更高、更强壮。

至于音乐课，只要你听上一首美妙的乐曲，就知道它有多么重要啦！

50

课程表

四

为了将来的生活而学习

如果你想成为一名医生，就要进入医学院，学习专业的医学知识。

如果你想成为一名舞蹈演员，就要进入专门的舞蹈学校，提高舞蹈水平。

如果你想成为一名教师，就更需要好好学习了，不然怎么教导孩子呢？

总之，不管从事什么行业，都需要具备专业的知识和技能。

五

上学的乐趣

除了为将来的生活做准备，学习本身也是一件很有乐趣的事。

你不想了解宇宙是什么样子的吗？不想知道风力发电是怎么一回事吗？

你不想知道从古至今，人类社会都发生了哪些重大事件吗？

最重要的是，无论在哪里，你都不可能像在学校里这样，交到这么多同龄的朋友。

🎤 智者说

人而不学，其犹正墙面而立。——《尚书》

51

我长大后为什么要工作？

因为要实现人生的价值啊！

我为什么要工作？

你需要赚钱养家

你长大后就不能再依靠爸爸妈妈了。如果不工作，挣不到钱，你就没法过上正常的生活。尤其是当你长大后，会组建新的家庭。为了让家人吃饱穿暖，你也必须赚足够的钱，而这些钱都需要你用辛勤的劳动来换取。

证明你的独立

多数工作都要求你每天早起，因为你要处理许多事情。不过，能自己养活自己，就证明你真的长大了。你成了一个独立的人，能把自己照顾得很好，这是一件很了不起的事。

? 想一想

假如你中了巨额彩票，钱足够花一辈子，你还会继续工作吗？

为社会创造价值

努力工作，可以更好地帮助他人，为社会创造价值。

想想看，如果没有环卫工人的早出晚归，你每天上学时走过的马路会变成什么样子？

如果没有厨师的精心制作，你能吃上美味的餐点吗？

如果没有医生的诊断治疗，你生病了该怎么办？

只有各行各业的人都在自己的岗位上勤勤恳恳地工作，社会才能正常运转。

$$a^2+b^2=c^2$$

让生活更有意义

在工作中，你可以交到很多朋友，大家为了同一个目标而努力，这种感觉棒极了。

工作还会激励你不停地学习，就像在学校里一样。

努力工作能得到他人的认可，这会增强你的自信心。

工作不仅仅是为了赚钱，也是为了让生活过得更有意义。

怎样才能快乐地工作？

工作是多种多样的，长大后做自己感兴趣的工作，会拥有更多乐趣。

你可以考虑一下，长大后能不能把自己的技能、兴趣或目标变成职业？

如果你喜欢植物，那就做一名园艺家吧！

如果你喜欢动物，做一名宠物医生也不错。

如果你喜欢搭积木，将来说不定能成为建筑师，去建造摩天大楼。

想象力有多重要？

神奇的想象力

你有过这样的体验吗？脑袋里好像接连上演着一场又一场的"电影"？不错，这就是你的想象力在当"导演"呢！想象力可以赋予平凡的事物以神奇的魔力，或者塑造出一个完全不存在的东西。在它的驱动下，你甚至能"看"到火山爆发或者外星人！

想象力推动人类进步

没有想象力，人类就不会把石头打磨成工具，不会用骨针缝制兽皮；没有想象力，人类就造不出飞机，只能在地上仰望飞鸟；没有想象力，牛顿也不会因为一颗苹果掉下来而受到启发，提出著名的万有引力定律；没有想象力，人类就无法创造出原先不存在的、新的东西，并一直停留在原始状态。

想象力可以丰富生活

有想象力来帮忙，没什么是不可能发生的。

想象力能让你的吸尘器吸进一头大狮子；想象力能让你烤出一个金黄色的太阳面包；想象力能把你变成隐形人；想象力能让兔子裁缝来喝你的下午茶……

想去远方，却没有时间？没关系，在想象的世界里，你可以到达任何神奇的国度。

打开想象力的大门

无聊时，想象你正穿过一座巧克力城堡，这里的所有房屋都是用巧克力做的。

睡不着时，想象你正躺在夜空下，万千星辰照耀着大地。

害怕黑暗时，想象你身边有一位披着斗篷的英雄，他随时准备对你伸出援手。

你可以无拘无束地在脑海里播放电影，不管是温情的、活泼的，还是幽默的、严肃的，想看什么都随你的便！因为想象的世界没有规则和界限。

🎤 **智者说**

想象力比知识更重要，因为知识是有限的，而想象力概括着世界上的一切，推动着进步，并且是知识进化的源泉。——［美］爱因斯坦

什么是勇敢？

你敢独自出门旅行吗？

为什么我不够勇敢？

你感觉自己不够勇敢，很可能是"担忧"和"害怕"在给你使绊子。比如怕失败，怕被嘲笑，怕伸出友谊的手得不到回应，怕自己不如别人做得好……

其实没什么大不了，放下"担忧"和"害怕"的包袱，勇敢地接受挑战，你会发现，事情并没有你想得那么难。

万一失败怎么办？我还是不要跳了……

勇敢是不害怕吗？

勇敢并不是不害怕，而是无论多难，你都选择去做了。

勇敢是在一个陌生的环境里，主动和别人打招呼，结识新朋友。

勇敢是失败后不灰心，从哪里跌倒就从哪里爬起来。

勇敢是面对无礼的人和无理的要求，敢于大声说"不"。

勇敢是做了错事后，主动承认错误，并虚心接受指正。

勇敢是努力冲破偏见，尝试新的东西。

勇敢是不惧怕别人的攻击，坚信自己是独一无二的，为自己加油。

害怕一定是坏事吗？

　　有些害怕需要你努力去克服，有些害怕则可以使你远离伤害。比如当你害怕火、电或者燃气时，就会自觉地远离它们，这会让你避免陷入危险。

　　同样，做危险的事也不一定意味着勇敢。比如为了证明自己有超能力而从特别高的地方往下跳，就不是勇敢，而是莽撞和糊涂。

虽然我也害怕，但我依然努力前行！

你总是那么勇敢，你不知道什么叫害怕吗？

如何变得勇敢？

　　试着放松心态，不要那么在乎输赢。

　　相信自己能处理好和朋友之间的关系。

　　在困难面前，对自己说："我能行！"

　　鼓励自己去迎接新的挑战。

　　不轻易放弃，从失败中积累经验。

　　爱是一种强大的力量，它会让你变勇敢。即使害怕，也要为爱的人勇往直前。

🎤 **智者说**

　　有德必有勇，正直的人绝不胆怯。——［英］莎士比亚

什么是成功?

成功与否，只有你自己说了算！

你的钱来路不明，算什么成功？

什么是成功?

有人认为成功就是变得有钱、有名。可是，许多对社会作出了杰出贡献的人，一生都过着低调而简单的生活。

一些大富翁或者大明星受人追捧，他们所做的事情就一定有价值吗？

还有一些人认为成功就是成为领导者。可是，如果领导者做出错误的决定并产生了严重后果，他还能算成功吗？

朝着梦想努力，每一步都很有意义！

🎤 **智者说**

如果你问一个善于溜冰的人怎样获得成功时，他会告诉你："跌倒了，爬起来。"这就是成功。——［英］牛顿

成功，没有标准

有人认为成功就是实现理想和抱负。可是，如果你想做一名足球运动员而没能如愿，你的所有付出就没有意义了吗？

有人认为成功是过不平凡的生活，比如环游世界，见识更多新鲜的事物。可是，追求精神的充盈与成长，也能获得心灵的满足。

成功由谁来评判？

每个人对成功都有自己的理解。

你开了一家糖果店，感到非常自豪，而你的朋友却不以为意。

你实现了梦想，成为摇滚歌手，却没能满足爸爸妈妈对你的期待。

不管如何，你才是自己人生的主角，只有你自己才可以判断你的人生是否成功。

谁又能知道，她成功的背后付出了多少艰辛……

怎样才能成功？

你一定很羡慕那些被成功光环笼罩的人，但不要忽略他们背后的付出。你可以像他们一样，尝试找到自己喜欢和擅长做的事情，心存期许，不要停止努力。有一天，你也会收获成功的喜悦，像他们一样棒。

成功与失败

我们总是向往成功，可失败却似乎更容易光顾我们的生活。

骑自行车怎么也学不会，比赛输给对手，考试没能取得好成绩……

这些都没什么大不了，我们要做的就是继续努力。

有时，失败会让你认清自己，说不定会给你带来另一种意义上的成功。

什么是幸福？

幸福就是每天都能开开心心！

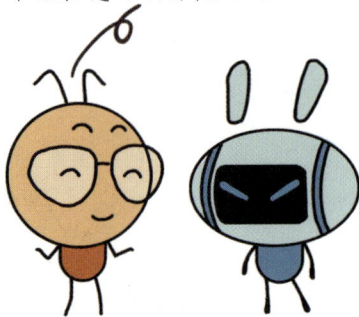

什么是幸福？

人人都想过幸福的生活。有人认为努力学习，取得好成绩就是幸福；有人认为健健康康，活到 100 岁就是幸福；有人认为挣很多钱，成为大富翁就是幸福；有人认为拥有亲情和友谊，平安度过每一天就是幸福；有人认为努力工作，让生命有意义就是幸福；有人认为写出优美诗句就是幸福；有人认为生活在一个美好的世界，人人平等友善就是幸福……

关于幸福，每个人都有自己的答案。

能活到 100 岁。

让生命有意义。

考个 A + 。

努力工作。

随时捕捉每一个幸福瞬间

拥有一颗善于感受幸福的心吧！这样，你才会随时随地发现并捕捉到幸福：

和爸爸妈妈一起享受温馨的假日；春天来了，在太阳下漫步，看看五彩缤纷的小花，听听清脆的鸟鸣；读一本喜爱的书，和主人公共同经历一场伟大的冒险；和朋友解除误会，重归于好……

拥有一颗善于感受幸福的心吧！这样，当这些幸福降临时，你才不会错过。

挣很多钱。

写出优美的诗句。

什么是幸福？

私欲的满足是幸福吗？

幸福充满"魔力"，有些人不惜一切代价也要得到它，哪怕做出损害他人的事。可是，如果一个人的幸福建立在别人的痛苦之上，还是真正的幸福吗？

有人为他人着想，放弃了自己应得的东西，当他享受内心的安宁和满足时，算不算幸福呢？

幸福不是私欲的满足，不是占有，也不是享乐。真正的幸福永远都和高尚站在一起。

不要停止追求幸福的脚步

人的一生，难免会遇到挫折和不幸：不被父母理解，遭遇不公正的对待，失去拥有的东西，被别人欺负，甚至更糟糕的事情……这些都会使你感到忧虑、难过。

想要获得幸福，你得有勇气去面对生活中的不如意。

永远不要停下追寻幸福的脚步，只有这样你才有获得幸福的希望。

🎤 **智者说**

人的幸福存在于生活之中，而生活存在于劳动之中。——［俄］列夫·托尔斯泰

什么是时间?

时光要是能倒流就好了……

或许未来的某天能实现!

时间是什么?

时间看不见、摸不着，却实实在在地运转着。为了方便计算时间，人类发明了钟表和各种计时器，还创造了许多表示时间的单位，比如"秒""分""时""日""月""年""世纪"等，同时创造了许多表示时间范围的词，比如"早""中""晚""昨天""今天""明天"……

时间没有尽头，也永远追赶不上……

时间与生活

时间让我们的生活有了秩序。

如果没有时间，你就没法和朋友约定什么时候出去玩，不知道什么时候该吃午饭，不能准时放学，连生日也没法过。你的生活将陷入一片混乱。

有时候，就算迟到几分钟，事情也会变得麻烦起来。所以不守时的人，会让人觉得很讨厌。

时间逝去，就再也回不来……

时间是相对的

时间好像会"变身术"，总是发生长长短短的变化。

做自己喜欢的事，时间会过得飞快。做自己不喜欢的事，时间就走得慢腾腾。

半年前的事情你依然清晰地记得，但是早晨刚和妈妈许诺的收拾房间，一转头，你就忘了个精光。

同样的 10 分钟，有人觉得它转瞬即逝，有人却觉得它漫长得像一个世纪。

感受时间的流逝

时间在你身边不停地流动着：太阳东升西落，种子慢慢生根、发芽，季节不断变化，掉落的树叶，消融的积雪，一天天长高的你……是时间这只看不见的"手"，在推动世间万物的变化。

陈旧的房屋，褪色的毛绒玩具，也都印刻着时间流逝的痕迹。

珍惜时间

时间就像河流一样，一刻不停地奔向前方。让时间白白流逝，是一种巨大的浪费，不如好好规划一下，让你的生活变得更加美好。

❓ 想一想

如果全世界的钟表都不再转动，时间会停止吗？

什么是美？

世界上什么最美？

不一样最美！

不一样的美

每个人眼中的美都不一样。

有人认为当下流行的是美，有人认为永恒的、经典的才是美。

有人认为优雅娴（xián）静是美，有人认为在球场上健步如飞才是美。

有人认为欧洲的哥特式建筑很美，有人认为中国的古典园林建筑才是美。

有人认为独特的、小众的很美，有人认为受大多数人喜爱的才是美。

心灵的眼睛

有的美可以用眼睛看到、用耳朵听到，有的美则需要用心灵来体会。

比如火热的太阳很美，布满皱纹的脸展露出的笑容很美，秋日里蟋蟀的叫声很美，麦田里劳作的人们很美，沧桑的古寺很美，妈妈温柔的呼唤声也很美……

发现周围的美

只要你仔细寻找，就能发现美。

比如古朴的小瓷碗、胡同口的石狮子、门前的老槐树、脚下的鹅卵石。

比如清晨的露珠、夜空中的萤火虫、闪烁的星星、变幻的云朵。

比如精美的人像雕塑、斜阳下的孔雀舞、风中摇曳（yè）的铃铛以及自信友善的你。

创造美的人

生活中处处都有制造美的人。比如播撒花种的园丁、把泥巴变成雕塑的艺术家、写出动人诗篇的诗人以及那些用善良和爱照亮世间的人们。

感受美的同时，你也可以制造美。比如画一幅有创意的画，弹一首优美的钢琴曲，拍一张落日余晖（huī）的照片……总之，去追寻美，才会拥有美好的人生。

🎤 智者说

啊，美呀，在爱中找你自己吧，不要到你镜子的谄（chǎn）谀（yú）中去找寻。——［印度］泰戈尔

什么是爱？

爱就是心甘情愿对你好……

什么是爱？

爱，是一种发自内心的、十分珍贵的感情。

爱，是妈妈给你的睡前甜甜的吻，是她为你准备的美味可口的早餐。

爱，是爸爸替你遮风挡雨的、宽厚结实的大手，是你犯错误时那严厉的目光。

爱，是朋友为你精心制作的生日贺卡，是他们和你一起分享心爱的东西。

爱，是你小心地绕过花坛草坪（píng），不忍伤害花草树木。

爱，是你帮助菜叶上的一只蜗牛返回湿润的草地。

爱，是和喜欢的人在一起，彼此相依、永不分离。

爱会永远存在吗？

有的爱会随着时间的流逝，变得更加坚定；有的爱会中途破碎，像雾一样消散。但只要爱存在过，就会像闪耀的星星，在记忆的深空里放出光芒。

谢谢你给我自由！

爱是坚持，也是放手

彼此相爱的人生活在一起，也会因为一些小事而产生矛盾。

爱的道路不总是平坦开阔，当困难到来时，更需要勇气、坚持、理解和宽容。

不要让爱变成束缚，要懂得放手，给所爱的人自由，让我们都成为最好的自己。

爱让我学会放手……

爱一个人该如何表达？

爱需要表达，表达爱是一种能力。

你可以大声说出来，每天都说句"妈妈，我爱你"。

你可以展露笑容，或者用拥抱来传递心中的爱。

你还可以用行动去表达爱，比如照顾生病的长辈，给劳累一天的爸爸妈妈递上一杯热茶，陪弟弟妹妹来一场疯狂的枕头大战……

爱有许多种表达方式。

做一个内心充满爱的人

爱能给人安全感，让人敞开心扉。

爱能给人力量，让人不再害怕和退缩。

爱能创造奇迹，让人获得难以想象的成就。

和爱的人在一起，不管去哪里，都会开心；不管做什么，都会觉得有意义。

理解爱，感受爱，做一个心中充满爱的人吧！

❓ 想一想

"爱"和"被爱"，哪个更幸福呢？

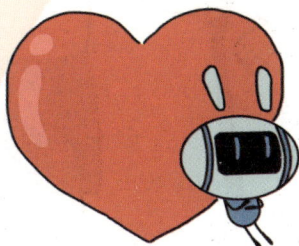

一定要遵守规则吗？

家庭规则

妈妈规定你进屋前要脱掉脏鞋子，房间乱了要整理，牙齿必须要认真刷，饭菜不能浪费。

爸爸规定你不许碰燃气灶，不许在家里玩水枪，不许欺负妹妹，乘车时不许把头伸出车窗外。

遵守家庭规则会使家居环境更整洁，使生活更有序，使你养成良好的生活习惯、更健康地成长。

爸爸说了，不许把头伸出车窗外！

昨天我值日，今天轮到你了。

值日表

学校规则

学校规定学生见到老师要问好，上课要认真听讲，别人回答问题时不能插嘴，在阅览室读书要保持安静，按照值日表做值日……

遵守学校规则有助于养成良好的学习习惯，更好地与他人相处。同时，保证你受到公平对待。

🎤 **智者说**

这个伟大的世界永远旋转，不断地改变陈规。——［英］丁尼生

68

社会规则

法律保护大家的合法权利，让社会正常运转。不管你愿不愿意，都必须遵守法律，否则就会受到相应的惩罚。

道德督促你成为更好的自己。一种是彬彬有礼、尊老爱幼的人，另一种是粗鲁野蛮、欺负弱小的人，你更想成为哪一种呢？

避免一切都由"大块头"说了算！

为什么要制定规则？

合理还是不合理？

爸爸说孩子必须听大人的话，不许顶嘴。可是，难道大人就不会犯错吗？难道孩子就不能说出自己的想法吗？

老师说必须完成作业。可是，如果作业太多了，即使拥有超能力也做不完，怎么办？

大家都说不能打断别人说话。可是，如果脚下突然蹿出来一只老鼠，你忍不住大叫起来，怎么办？

有时候，你也要学会思考和判断：这条规则真的合理吗？

我再说以下几点……

啊！有老鼠！

日常生活能离得开电子产品吗?

没有手机，让我怎么活啊?

被电子产品包围的你

数数你周围的电子产品吧：电视、手机、电脑、游戏机……

你记得自己是从几岁起接触电子产品的吗？5岁，3岁，甚至更小？

你坐在客厅的沙发上，眼睛盯着电视屏幕；你的小手在爸爸的手机上熟练地点来点去；你敲打着电脑键盘，听它发出咔嗒声……你没法躲避，因为你进入了电子产品的"包围圈"。

电子产品改变生活

买衣服，可以网购；听音乐，可以上音乐网站；看新闻，可以浏览新闻网页；付款，可以用手机支付；阅读，可以看电子书；写字、画画，可以借助电脑软件；就连与人聊天，我们都习惯了用键盘打字，而非面对面地坐一会儿……

电子产品已经和现代社会捆绑在一起，想彻底离开它们真是太难了，就像已经掌握冶（yě）炼技术的人们不可能再回到石器时代一样。

浏览新闻

刷视频

购物

看电子书

聊天

听音乐

拍照

画画

沉迷电子产品危害大

沉迷电子产品会带来很多问题，比如视力下降、脖颈（gěng）儿酸痛，健康的生活习惯被丢到一边……

除了玩手机、看电脑，你什么事情都不想做，和之前相比，简直就像变了一个人。

因为经常被动地接收信息，久而久之，你会缺乏主动思考的能力。

网上的信息有真有假，连成熟稳重的大人有时都分不清，小小年纪的你更容易误入歧（qí）途。

现实的生活更美好

比起冷冰冰的电子产品，大自然难道不更可爱吗？鸟鸣声和泉水叮咚声难道不更悦耳吗？那么，放下手中的电子产品吧，请多花点儿时间，和大自然多多亲近！

多和爸爸妈妈聊聊天，和他们说说你的烦恼，他们更能帮助你解决问题。

从房间走出去，和小伙伴们一起愉快地玩耍吧，他们才是真正陪伴你成长的朋友！

❓ 想一想

有人认为，手机拉近了人们之间的距离。你也是这么想的吗？

为什么会有节日？

真想天天过节呀……

那就没有新鲜感了！

为什么有节日？

节日，是为了让生活更丰富多彩呀！如果一年到头都是普通的日子，生活该多无趣呀！

节日，是为了让大家可以开开心心地相聚。

节日，是为了让人们享受一个轻松的假期。

节日，是为了让你打扮得漂漂亮亮、快乐地玩耍！

节日就是重要的日子

一些人做了很有意义的事，大家非常崇敬他们，就定下一个日子来纪念他们。

国家建立的日子很重要，于是有了国庆节。

每个秋天，人们都期盼着丰收和团圆，于是有了中秋节。

为了纪念战争中死难的儿童，我们为孩子们设立了国际儿童节。

世界上有许多重要的节日，你还知道哪些呢？

奇奇怪怪的节日

在番茄节，人们互相朝对方扔番茄，上演无数场"番茄大战"。

在泥浆节，人们将泥浆涂抹在身上，尽情享受在泥浆里狂欢的乐趣。

你穿着华丽的礼服，怀着庄重而期待的心情，去听一场钢琴音乐会，你也可以把这一天定为自己的"音乐节"。

节日应该怎么过？

人们通常以享用美食、聚会的方式来庆祝节日，这也是节日令人期待的重要原因之一。

人们穿上漂亮的衣服，举办各种有趣的活动，比如赛龙舟、赏花灯、猜字谜等。

当然，还有一些独特的方式，比如往对方的身上泼水、向先人行礼、种一棵树……

节日的意义

有的节日属于全人类，有的节日只属于某个国家、某个民族或者某个特定区域。

但不管怎样，节日都有其特殊的意义。

节日到来时，人们可以暂时停下繁忙的工作和学习，相聚在一起，彼此问候、祝福。人与人之间变得更加亲密，内心的孤独也会被赶得远远的。

🎤 **智者说**

爆竹声中一岁除，春风送暖入屠苏。——王安石

怎样看待贫穷和富有?

我"穷"得只剩钱啦……

我口袋很空，但我心里的爱是满的!

贫穷与富有

有的人在银行里有一大笔存款，一辈子都花不完。

有的人一无所有，流浪街头。

有的孩子乘坐轿车去上学，有的孩子却没钱上学。

有的孩子拥有昂贵的玩具，有的孩子却衣不蔽（bì）体。

这就是富有与贫穷的差别。

到底是好运气，还是坏运气?

有的人生在富裕的家庭，还继承了一大笔财产，但他从小懒散、随意挥霍，最终跌入贫穷的谷底。好运气变成了坏运气。

有的人生在贫穷的家庭，生活充满艰辛，但他从小发愤努力，最终用勤劳和智慧摆脱了贫穷。坏运气变成了好运气。

所以，贫穷与富有，有时候没有固定的界线。

有钱就是富有吗？

金钱的富有当然可以给人带来一定的满足感和幸福感，但它并不是决定幸福的唯一因素。真正的富有，是精神富足、家庭幸福、朋友真诚、身体健康、理想丰满……

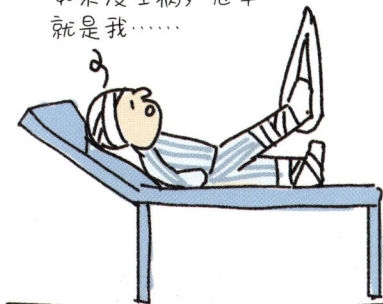

如果没生病，冠军就是我……

走开，离我远点儿！

穷人好，还是富人好？

有的人有很多钱，却不愿意做帮助别人的事；有的人生活贫穷，却对需要帮助的人慷慨解囊。评价一个人，不能依据物质上的贫富，而要看这个人的品质是好还是坏。

比财富更重要的事情

没必要因为贫穷感到难堪，生活中有比拥有金银珠宝更重要的事情。

对喜欢钓鱼的人而言，垂钓时的轻松愉悦不可替代；贫穷的画家即便画作卖不出去，也不会影响他作画时的快乐。也许他们拥有的金钱并不多，但往往比那些只追逐金钱的人更能感受到幸福。

🎤 **智者说**

不戚（qī）戚于贫贱，不汲（jí）汲于富贵。——陶渊明

信任有多重要？

什么是信任？

信任就是相互珍惜！

信任你最亲近、最熟悉的人

你把在学校和同学闹别扭的事讲给爸爸妈妈听，因为你相信他们会给出有利于解决问题的建议。

你把受到的委屈讲给哥哥姐姐听，因为你相信他们会安慰你、帮助你。

你请朋友参观你的"秘密基地"，因为你相信他会替你好好保守这个秘密。

你不怕摔下去？

我信任你……

你出远门时把小狗寄养在邻居家，因为你相信他会像你一样善待小动物。

你信任身边最亲近、最熟悉的人，因为你爱他们，他们也同样爱你。

信任

信任另外一些人

你相信牙医，让他把可怕的器械放进你的嘴里，是因为他有专业知识。

你相信修车师傅能帮你把自行车修好，是因为他比你更有修理经验。

你相信警察会把你安全地送回家，是因为他代表着正义。

你相信房东会让你和家人在租住的房子里安定地生活，是因为你们和他签订了协议。

你信任一些人，也许没有特殊的原因，只是因为他们值得你信任。

信任你自己

相信自己！

也许，你最需要信任的人是你自己。

你相信只要努力，就能实现成为历史学家的梦想。

你相信只要努力，就能很快学会 5 种泳姿。

不过，信任自己并不是那么容易。

你对自己说"只能再看 10 分钟电视"，但是半个小时后，你的手里还握着遥控器；你牙疼时发誓再也不吃巧克力，可你知道这很不容易，需要很强的意志力才行。

不要轻信陌生人

信任把你和他人联系在一起，可有时也要擦亮眼睛，小心那些别有用心的人。不要随便相信陌生人，更不能把自己的信息透露给陌生人。你要提防那些假装热心的"狼先生"，因为你不知道藏在"善良"面具后的是怎样的一张脸。对于陌生人，你不能轻易信任，更不能放松警惕。

善良

我是好人！

不能轻信他……

🎤 **智者说**

唯天下至诚为能化。——《礼记·中庸》

世界上有真正的公平吗？

哈哈，我中奖了！

喳，为什么不是我，这不公平！

这很公平

农民伯伯在春天播撒种子，在夏天辛勤耕耘（yún），然后在秋天获得了大丰收。

运动员努力训练，不怕吃苦流汗，在比赛中取得了好名次。

你废寝（qǐn）忘食地努力学习，最终取得了优异的成绩。

付出就有回报，这很公平。

这不公平

有人出生在富裕、和平的国家，有人却出生在贫穷、充满战乱的国家。

有人住着豪华的大别墅，有人却无家可归，只能流落街头。

过去很长一段时间里，只有男性有选举权，而女性没有。

为什么大家不能从同一起跑线开始奔跑？这不公平。

我有香甜的蛋糕。

我什么吃的也没有……

真的和公平有关吗？

大人不用上学，你却要整天面对枯燥的知识。

父母总是指使你做这个、学那个，却从来不指使妹妹。

你和同桌的成绩不相上下，可是"三好学生"的荣誉却给了他……

你觉得遭到了不公平的对待，像一只小野兽，非要冲谁发一顿脾气才行。

可是，当你坐在宽敞的教室里学习时，你的父母可能正顶着烈日、挥汗如雨地工作。

当你站在穿衣镜前试新衣服时，妹妹还穿着你又肥又大的旧衣服。

当你在课间和同学说笑时，你的同桌却在帮助他人补习功课……

什么是公平？

一匹马和一只蚂蚁吃的东西一样多，是公平吗？不是。公平不是每个人得到的都一样多，而是每个人都得到自己所需要的。

10 名专业足球运动员和 10 名足球爱好者一起比赛，是公平吗？不是。公平不是实力悬殊的对决，而是旗鼓相当的较量。

公平很重要

人类一直在思考如何维护社会公平，于是他们制定法律，开设法庭。人类通过努力学习，增强公平地对待他人的能力。不过，人类是不是也应该公平地对待地球上的其他生命呢？

🎤 智者说

生活是不公平的，不管你的境遇如何，你只能全力以赴。——［英］霍金

我们要对所有人友善吗？

对坏人友善，就是对自己的不负责！

小朋友，谢谢你！

友善点亮你的世界

友善是一种美好的品质，对父母、朋友、同学以及身边的人，你要保持一颗友善之心。帮妈妈开展房间大扫除，对小区的保安叔叔说谢谢，把你心爱的书借给朋友阅读，用笑脸去回应同学的问候……

你的友善，可以点亮你周围的世界。

伸出友善的手

对那些不认识的人，你也可以表达善意。小心地绕过一座刚刚堆好的沙滩城堡；为一个迟到的人留出座位；帮助坐轮椅的人过马路；看到和自己不一样的人，不去指指点点。

设身处地地为别人着想，也是一种友善。

讨好不是友善

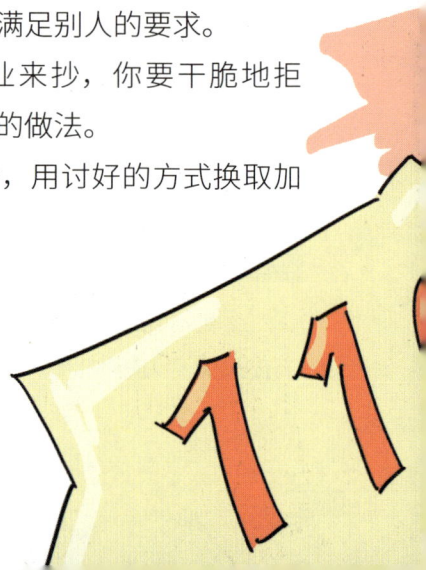

对人友善不是一味地满足别人的要求。

同桌借你的数学作业来抄，你要干脆地拒绝，因为抄作业是不正确的做法。

你也不需要假装友善，用讨好的方式换取加入篮球队的机会。

我请你们吃大餐，可以让我加入篮球队吗？

讨好不是友善！

大声表达自己的不满

不是面对所有的人或事都要友善，你要记住，你的善良要有底线。面对心存恶意的人，比如在学校里故意散布谣言的人，把你的帽子扔到屋顶上的人，经常向你借钱却总是不还的人，冷不防把你从秋千上推下来的人……你要收起善意，并大声警告他们："我可不是好惹的！"

再借我 50 元，最后一次！

你上次借我的……还没有还……

你又不是他的取款机！

要坚决反击霸凌

那些冷酷的目光、恶毒的话语、粗暴的行为，你不需要忍耐，更不需要保持友善，你要做的是坚决反击。如果你的力量不够，要学会寻求他人的帮助。

你要为正义勇敢发声。看到有人被霸凌时，也应该在保证自身安全的前提下，想办法帮助他。

🎤 **智者说**

爱人者，人恒爱之；敬人者，人恒敬之。——《孟子》

钱有什么用？

却买不回你浪费的时间……

钱能买好吃的！

最好在商场里思考这个问题

如果你饿了，用钱可以买到一个面包。

如果你渴了，用钱可以买到一杯果汁。

如果你想要一个洋娃娃来做伴，也需要用钱去买。

看看商场高高的货架吧，摆在上边的任何一样东西，只有用钱去买，才能真正属于你。

没有钱，生活寸步难行啊！

钱使生活正常运转

问问大人，你们居住的房子，是不是需要付房租或贷款？

如果有一天你回到家，发现电视打不开了，洗衣机不能洗衣服，打开水龙头只有几滴水，到底发生了什么事？

其实，只不过是爸爸忘记缴（jiǎo）水电费了。

如果不按规定数额向旅行社缴纳费用，你期待的暑假旅行也会泡汤。

不用钱可以得到想要的东西吗?

如果你想要朋友的蛋糕,你可以不必付给他钱,而是用一个苹果去交换。人类历史上的很长一段时期,人们就是用交换的方式得到想要的东西。那时,钱还不存在,农民用粮食交换,渔夫用鱼交换,工匠用手工制品交换。这种方法很麻烦,因为有时你拥有的可能不是对方所需要的。今天,我们用钱来支付,这样更方便快捷。

交换了,就不许后悔……

醒醒,别做梦了……

钱从哪里来?

钱要是能从树上长出来就好了!可这只是异想天开。如果你想挣到钱,就要付出劳动。

大人们如果想有钱,就不辞辛劳地工作。他们挣到的钱叫作薪(xīn)水,有了足够的薪水,就可以购物或者满足日常开销了。

钱买不到的东西

金钱像一根魔杖,只要轻轻一挥,很多你喜欢的东西,比如糖果、书、玩具……就会出现在你眼前。可在爱、健康、时间、友谊、智慧等面前,这根"魔杖"便会失灵。所以,不要盲目崇拜金钱。

休想用钱买到我的友谊!

交个朋友吧!

🎤 **智者说**

如果你懂得使用,金钱是一个好奴仆。如果你不懂得使用,它就变成你的主人。——[美]马克·吐温

为什么要保护环境？

那一定很可怕！

水用光了该怎么办呢？

如果砍倒最后一棵树

如果人类不停止挥舞手中的斧头，砍倒了最后一棵树，地球上只剩下光秃秃的树桩，就再也没有树荫可以乘凉；鸟儿就没有树枝可以栖息；沙尘暴就会长驱直入，吞噬（shì）蓝天白云，将你周围的一切都覆盖在灰尘之下。

如果用光最后一滴水

如果人类不节约用水，水资源严重匮乏，鱼儿就会无家可归，河床就会干涸（hé）。

你将看到"永久停水"的告示。水会变成奢（shē）侈（chǐ）品，只有少数有钱人买得起。当然，就算你再脏，也没有办法洗澡了。

如果空气被彻底污染

如果工厂不停地向空中排放废烟，汽车不停地排放污浊（zhuó）的尾气，你将很难呼吸到新鲜洁净的空气。

天空被浓烟遮住，地上下起"粉尘雨"。无论你躲到哪里，都会不停地咳嗽，眼睛疼痛，无法呼吸，即使戴着口罩也不管用。

咳咳咳咳咳咳咳咳咳

看我多时髦！

如果动物灭绝

如果人类不停止对野生动物的猎杀，那么也许有一天，森林里、原野上、海洋中再也找不到一只动物。那时，所有的动物都从地球上消失，只剩下孤单的人类……

想想看，下一个消亡的将是谁呢？

我们该怎么办?

如果不保护大自然，人类终将失去一切，只剩下既不能吃也不能喝的钱和尘土。你喜欢那样的世界吗？在那样的世界中，人类又该怎样生存呢？

所以，人类不该向大自然贪婪地索取，而是要保护它、善待它。

? 想一想

地球上的资源是无穷无尽的吗？"向大自然宣战""征服大自然"之类的口号是正确的吗？

85

战争会给人类带来什么？

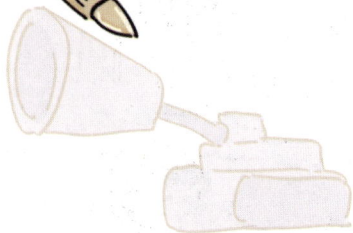

我讨厌战争！

战争是人类最糟糕的发明

从电视里，可以看到战争。

从报纸和网站上，也可以看到战争。

有时，战争发生在一个风和日丽的日子。

有时，战争就发生在不那么遥远的地方。

战争对于人类究竟意味着什么呢？

石油

是我的！

是我的！

战争的起因

战争往往是小部分人为了争夺利益而引发的。有时是为了争夺领土和权力，有时是为了争夺石油等重要资源。

为了发动战争，坏人会利用宗教来煽（shān）动人们的敌对情绪，使人变成冷酷、无情的怪物。

战争经常打着正义的旗帜。

战争常常与谎言做伴。

战争带来了什么?

战争破坏了人们熟悉的一切,它让房屋、商场、医院、学校变成废墟(xū),桥梁倒塌,大人不能正常工作,儿童不能继续上学,人们没有足够的食物,生病不能得到医治。

战争夺去周围人的生命,夺去孩子幸福的童年,只留下伤痛和仇恨。

战争中的人

战争中,有的人成了英雄,有的人成了战犯,更多的人成了一行行的统计数字。

战争让我失去了一切。

别难过,还有我……

珍惜和平

我们要珍惜和平的日子,让天空中只有云朵,没有硝(xiāo)烟;让大地上开满鲜花,没有战乱;让孩子们追逐欢笑,度过无忧无虑的时光。

🎤 **智者说**

从来就不存在好的战争,也不存在坏的和平。——[美]富兰克林